AF268203

LA LÉGENDE

DE ZANGAIGNE

LA LÉGENDE

DE

ZANGAIGNE

PAR

LE DOCTEUR MOXA.

OPINION DES ANCIENS SUR ZANGAIGNE :

1° STRABON. — *Pros hous hi apistia méga ophelos* ; malheur à qui s'y fie !

2° PATERCULUS. — *In summa feritate versutissimus ;* la plus grande férocité avec la plus profonde fourberie !

UN MOT AUX ALSACIENS-LORRAINS :

Grande malum est, et vix tolerabile, littore nostro quod nondum excisis unguibus ursus abit ! unica erit sed ubi Gallo se cura tueri, horribilem expellet Gallica ripa feram.

MOXA.

CHEZ TOUS LES LIBRAIRES.

1874

ÉPITRE A MOSK

—

Vous savez, Mosk, que Zangaigne m'a pris la bourse, et qu'il me laisse à peine la vie.

Néanmoins, si mes malheurs vous réjouissent, le spectacle, comédie pour vous, tragédie pour moi, peut recommencer à tout instant.

Car Zangaigne a déjà croqué les cinq milliards ; ce qui veut dire qu'avant peu, il va de nouveau se jeter sur moi, afin de m'en extorquer cinq autres.

Enfin, lorsque je n'aurai plus d'argent, il m'achèvera complètement, pour s'approprier définitivement ma maison, ma grange, ma vigne.

Il a toujours, pour m'exécuter, quinze cent mille soldats allemands, volant et massacrant comme un seul homme, avec cinquante mille princes allemands, que la Prusse va dépouiller de tout, et qu'elle ne peut indemniser qu'à mes dépens. Il a les encouragements de tous mes voisins, qui ne pensent plus, tant ils m'aiment, chacun de son côté, qu'à m'arracher pied ou aile.

Quant à moi, dans l'état où il m'a mis, contre tant d'hommes et de canons, je n'ai plus, hélas! que mes béquilles.

C'est pourquoi, Mosk, je viens vous faire mes adieux, et vous exprimer mes sentiments, encore une fois, avant de quitter ce monde.

Il faut que vous le sachiez, bon et brave Mosk, jusqu'ici je vous croyais de mes amis : il me semblait même que nous étions un peu parents : car nous avons, à peu de chose près, les mêmes vertus et les mêmes vices : vous êtes, ce me semble, aussi bon enfant et aussi léger que moi ; comptant peu, dépensant beaucoup, très susceptible, mais très bon diable ; plus ami du repos que du travail ; capable enfin, pour les plaisirs, les femmes et l'honneur, de toutes les folies imaginables.

L'austère Zangaigne n'a pas, lui, de ces faiblesses-là.

Mais il vous plaît, tel qu'il est ; il vous charme par sa moralité tout autant que par la sagesse pratique de ses talents : et puis il vous aime autant que vous l'aimez : vous êtes donc certain qu'il ne vous cherchera jamais querelle : c'est entre vous, à tout jamais, une entière réciprocité de sympathie et de confiance : tant mieux pour vous, Mosk ; mais, hélas ! tant pis pour moi !

C'est le moment de l'avouer, avant d'être mort,

c'est-à-dire, avant d'être sage, j'ai eu, généreux Mosk, quelques vivacités envers vous : je suis allé deux fois chez vous, très follement, très sottement, et sans penser qu'à jouer le jeu des Anglais, il y avait, pour moi, peu de chose à gagner et beaucoup à perdre ; vous m'avez très bien prouvé ce double point, et je ne rougis pas de l'avouer : donc, si mes malheurs récents n'effaçaient pas tous mes malheurs anciens, il m'en faudrait vous en faire ici amende honorable ; ce qui me coûterait d'autant moins, que, si je ne me trompe, bon et héroïque Mosk, vous m'aviez, par le seul effet de votre bon naturel, pardonné tout cela cordialement et tout de suite : je regrette donc bien de quitter ce monde sans avoir pu répondre à vos aimables procédés.

Ah ! si un miracle du ciel pouvait s'opérer en ma faveur, si la miséricorde du bon Dieu daignait m'arracher au guignon qui m'accable ; si je ressuscitais jamais, vous y aidant, je vous dirais :

Mosk, je suis pour jamais à vous ! car il ne peut plus y avoir de querelle entre nous : vous ne viendrez pas chez moi, vous, pour vous annexer mes villes et mes provinces : de mon côté, je n'irai plus vous taquiner chez vous, sachant trop bien ce qu'il en coûte : nous vivrons donc, à perpétuité, en bons et fidèles amis : vous m'enverrez du blé, et je vous enverrai du champagne : nous mettrons tout en commun, y compris notre gaîté et notre esprit, puisque nous en avons un peu tous deux, et que c'est là ce qui nous distingue de Zangaigne. Déjà, les livres que vous faites commencent à être charmants : je les lis très volontiers, les trouvant gais et aimables. De mon côté, aussi longtemps que vous serez en humeur de chanter, si je ne suis pas mort, je ferai pour vous des vaudevilles : mais, hélas ! je me sens réellement sur le point de trépasser !

En attendant que j'expire, Mosk, agréez au moins mes vœux ; et, après ma mort, poussez vos affaires, avec tout le succès que vous méritez et que je vous souhaite : prenez Constantinople, prenez Suez, prenez Ispahan et Calcuta, prenez Pékin, si cela vous fait plaisir, avec la mer Vermeille et la mer Jaune ; surtout prenez Kœnigsberg et Berlin ; enfin, si le cours entier de la Vistule ne vous suffit pas, ajoutez-y l'Oder et le Danube ; je n'y fais, quant à moi, nulle objection.

Ah ! si vous me tendiez la main ; si, pour me remettre en état sain et viable, vous qui êtes assez fort pour être obligeant, vous me rendiez le Rhin, j'aurais alors, contre Zangaigne, mon ancien fossé au bout de mon ancien jardin ; car, par institution géologique et de droit naturel, la rive gauche du Rhin est gauloise : vous ne l'ignorez pas, quoique vous ne fassiez pas, comme Zangaigne, profession de pédantisme ; vous savez bien que Zangaigne m'a volé tout ce qu'il appelle son bien.

Le vol est, je n'ai pas à vous l'apprendre, la base

du nouveau droit des gens , qu'il professe avec tant de succès, et qu'il prétend inoculer au monde entier au moyen de son artillerie.

Je ne m'y trompe pas, quant à moi : lorsqu'il aura la Seine, cet effronté dira que je lui ai volé la Loire; lorsqu'il aura la Loire, il dira que je lui ai volé le Rhône et la Garonne.

Au fait, en ce moment même, ses espions relèvent l'état des lieux, des conditions et des fortunes, le long du Jura, le long des Alpes, le long des Pyrénées. Certain que l'Italie et la Gaule sont définitivement à lui, il recommence à allonger sa griffe sur l'Espagne. Hélas! le temps est proche où ce glouton voudra manger les rougets et les soles de la Méditerranée à lui tout seul!

Mais, Mosk, vous ne m'écoutez pas; Zangaigne vous a complètement ensorcelé; contre le fait et l'évidence, vous restez convaincu que c'est moi le brigand, et qu'il est, lui, la victime.

Malgré tout, si vous l'aimez, du moins vous ne le craignez pas. Si donc on vous montrait sa figure sous des aspects plaisants, vous ne vous gêneriez pas pour en rire; c'est pour vous amuser, Mosk, que je vous envoie mon testament.

GALUCHET.

RÉFLEXIONS SUR CE QUI PRÉCÈDE

———

Pas trop mal pour un moribond ! Ce pauvre Galuchet, tout malade qu'il est, n'a pas encore perdu tout-à-fait la mémoire et la parole ; son esprit même est encore assez juste et assez net ; on n'expliquera jamais mieux qu'il ne l'a fait la cause de sa lutte éternelle avec Zangaigne.

La rive gauche du Rhin est gauloise, dit avec raison Galuchet ; sur la rive droite, Zangaigne est chez lui ; mais sur la rive gauche, il est chez les autres ; toutes les fois qu'il passe le Rhin, Zangaigne usurpe le bien patrimonial de Galuchet ; il ne peut pas s'installer sur cette rive, qui est la rive gauloise, sans expulser Galuchet de sa propre maison et de son propre lit ; il n'a jamais pu mettre les pieds de ce côté, sans faire à Galuchet l'injure inexpiable, qui est de poser un pied insolent sur les os même de ses pères. Après cela, quoi d'étonnant que Galuchet, exaspéré de sa présence, s'obstine à le pousser dehors? Deux races, aussi opposées de mœurs et de caractère, pourront-elles jamais manger dans la même assiette et coucher dans le même lit? Évidemment, non! Après tant de démêlés, si longs et si violents, l'antipathie entre eux est invincible; elle sera donc éternelle!

S'il se portait héritier des Francs, s'il réclamait leur terre et leur héritage, Galuchet aurait droit en plus à un glacis de cinquante lieues sur la rive droite du Rhin; il reprendrait alors aux Allemands les vignes qu'il planta jadis sur leur territoire. Mais il ne réclame rien de ce côté-là; le climat d'outre-Rhin ne convient pas à son tempérament, le ciel d'outre-Rhin lui agace les nerfs; il ne respire plus du tout dans cette humide et lourde atmosphère; s'il y est allé quelquefois, s'il a passé une ou deux fois le fleuve, c'était en ses moments de grande colère et uniquement pour chasser un peu plus loin Zangaigne, qui avait épuisé sa patience, en l'ennuyant à l'excès chez lui.

Mais Zangaigne ne se trouve bien que chez les autres. Il ne mange avec plaisir que le pain d'autrui. Tout l'univers le sait, son unique industrie est de se jeter sur ses voisins pour s'emparer de leur mobilier et de leurs épargnes. Il veut, dit-il, répandre sa civilisation sur la terre entière; mais c'est pour pratiquer sans cesse l'assassinat, suivi de vol, sur les grands chemins. Au fait, le brigandage seul fournit une assez vaste carrière à ses vertus et à ses talents : courir le monde en pillant, en massacrant et en brûlant, c'est le trait caractéristique de toute son histoire.

Le malheur de Galuchet est que Zangaigne ne peut pas faire un seul pas hors de ses marais sans entrer chez lui. De là cette guerre, qui est perpétuelle entre eux et interminable, Zangaigne attaquant et envahissant toujours, Galuchet ne se résignant jamais à la spoliation et à la servitude. Pourquoi Galuchet, qui neuf fois sur dix a eu le dessous, ne se soumet-il pas, selon la coutume des faibles, à son destin ? Pourquoi regimbe-t-il obstinément contre la force ? Il ne serait ni le premier ni le dernier qui aurait apaisé son vainqueur en lui léchant les mains ! D'où vient donc cette antipathie qui s'accroît avec les outrages et les désastres ?

C'est que Zangaigne, qui se flatte de posséder toutes les vertus, n'a en réalité que des vices ; et que ses vices, étant ignobles, sont insupportablement ennuyeux. L'unique supériorité qu'il possède, est celle de la férocité, celle de la grossièreté, celle de la fourberie. Sous ce triple aspect, il est réellement hors de pair. Mais fonde-t-il là-dessus ses droits à l'empire du monde ? Si le monde y consent, il faut avouer qu'il est bon enfant : Mais se laisse-t-il prendre vraiment au chantage de Zangaigne, qui vante et offre sa civilisation à tout venant ?

Ne sait-il plus que la seule présence de Zangaigne, que son souffle seul anéantit toute civilisation chez les autres ? L'accord du reste est parfait entre son naturel et son destin : compagnon insupportable, de quelque côté qu'on l'aborde, on le trouve antipathique et repoussant : une odeur d'hostilité perfide s'exhale de toute sa personne. Il est si lourd, si gauche, si faux et si désagréable, qu'il vous blesse, rien qu'en vous touchant : rien qu'en vous regardant, il vous agace. Vainqueur atroce, maître insatiable, allié cupide et sans foi, hors de mesure en tout, il fait des victimes partout où il passe, et ne trouve nulle part un ami. Avec lui donc, pas d'hospitalité, pas d'alliance, pas de paix possible. Bismarck le disait l'autre jour, avec sa piquante franchise : Plus il est haï, plus il est fier de lui-même, et content de son sort ; il vit de mépris et de haine.

Philanthropes anglais, philanthropes américains, et autres, inventeurs de la paix perpétuelle et de l'arbitrage international, vous êtes aux gages de Bismarck sans doute !

Si non, pourquoi signaler Galuchet à ses ennemis et à son vainqueur, comme s'obstinant seul à la guerre, alors qu'il ne peut plus remuer ni pied ni patte, et que, délaissé de tous, il agonise tristement sur son grabat ?

Ne vous suffit-il pas que Guillaume-Cinq-Milliards impose la complicité de la peur à toute l'Europe ?

La paix de la peur, c'est la plus solide de toutes, et cette paix-là, bons philanthropes, vous l'avez! Pourquoi donc perdre votre temps à parler d'arbitrage aux faibles, alors qu'un seul, le fort des forts, impose sa tyrannie à tous, et supprime définitivement le droit du droit, pour y substituer par force le droit de la force? Ah! comme Bismark, vous vous moquez des faibles; mais, de votre part, si vous n'êtes pas Prussiens, cette dérision a quelque chose d'insupportablement cruel!

Ah! Galuchet! Galuchet! pauvre fat! pauvre idiot! pauvre bon enfant! pauvre garçon d'esprit, que l'esprit rend sourd et aveugle, que la suffisance rend ridicule et niais! comprends-tu maintenant que tes voisins et l'Europe ne t'ont jamais pris au sérieux sinon pour les rages auxquelles tu es sujet, et que la courtoisie européenne n'a jamais été pour toi que perfidie et malveillance? Tu ne sais probablement pas et tu ne sauras probablement jamais que, depuis cinquante ans, l'âme damnée des Allemands, ton plus dur et ton plus inexorable ennemi, c'est John Boull! Il y a cinquante ans que, sans John Boull, la France pouvait être couverte par le Rhin, la fusion de la Belgique avec la France étant consommée; car tout y portait, la langue, les mœurs, la race, l'intérêt réciproque, la complète identité de tous les intérêts. Mais John Boull ne voulait pas qu'Anvers fût un port français. C'est pourquoi il a installé des rois allemands à Bruxelles, et livré aux Allemands toutes les routes de Paris. Lorsque les Allemands se sont en masse rués sur toi pour opérer enfin le coup qu'ils préparaient depuis un siècle, au vu et au su de toute l'Europe, mais à ton insu ; — car tes idiots de rois et d'empereurs, tes hommes d'Etat idiots, tes ministres idiots, tes diplomates idiots, tes journalistes idiots, tes députés idiots, tes savants idiots n'ont jamais rien su voir que l'effet de leur faux-col sur leur cravate : donc, pendant que les Allemands opéraient sur toi l'égorgement et la razzia, objet de leur longue ambition, et réalisaient à la fin leur éternel, leur furieux, leur grand rêve, — qui a compté tous les frémissements de ta pauvre chair ? Qui a recueilli et mesuré tes soupirs ? Qui a savouré, avec d'ineffables délices, toutes les formes et tous les aspects de ton agonie ? Tu le saurais, si tu avais lu les journaux anglais, rédigés par les reporters anglais, qui mangeaient ton pain et buvaient ton vin, avec les Allemands, assis et repus à la même table ! A l'heure qu'il est, John Boull s'occupe encore de toi : il flatte les Allemands, il célèbre sur tous les tons leurs vertus et leurs exploits ; mais au bout de tous ces propos, il y a immanquablement un mot pour toi. Hier encore il disait : « Pourquoi l'Europe n'imposerait-elle pas la paix, en tombant avec toutes ses forces sur quiconque pense encore à la guerre ? » Ce qui veut dire que John-Boull sera du parti de Zangaigne, jusqu'à ce que Zangaigne soit au Havre et à Calais !

Mais, grand égoïste, grand pharisien de John Boull, est-ce qu'on te demande quelque chose ? De même que Galuchet garde pour lui les coups qu'il a reçus, ne pourrais-tu garder pour toi ta philanthropie et ta sagesse ? Zangaigne a prouvé à Galuchet que, sans la rive gauche du Rhin, Galuchet n'existe pas et ne peut pas exister, et qu'autant vaut livrer tout de suite à Zangaigne la Gaule entière, jusqu'à l'Océan, jusqu'aux Pyrénées, jusqu'à la Méditerranée : *Græcia capta ferum victorem cepit ;* si Galuchet ne peut pas espérer d'autre revanche, qu'importe à John Boull que Galuchet attrape enfin son ennemi, en l'attirant dans sa cave ou dans son grenier ?

Mais vous, Etats de premier ordre, Etats de second ordre, Européens civilisés et chrétiens, s'il en reste, voulez-vous sincèrement la paix ? Tenez-vous réellement à fonder, à cette occasion, l'universelle et éternelle concorde ? Vous plait-il que Galuchet, si passionné, vous le savez bien, pour les arts élégants, si avide de sympathie, si prodigue d'humanité, jette, de son propre mouvement, bien loin, derrière lui, ce tronçon d'épée, qui vous offusque, à ce que dit John Boull, entre ses doigts sanglants et mutilés ? Les conditions que le pauvre Galuchet y met sont certes assez raisonnables pour être acceptées.

« Rendez-moi, vous dit-il, l'Alsace et la Lorraine, avec les milliards que Zangaigne m'a volés ! que dis-je? qu'il a volés à tous les peuples, empochant toutes les épargnes de l'univers, dévalisant tout l'univers, en lui donnant à jamais mon industrie et mon honneur pour hypothèque! Rendez-moi la rive gauche du Rhin, c'est-à-dire les avenues et les portes de ma maison! Remettez-moi réellement chez moi; et puis, coupez, je vous en prie, tous les ponts sur lesquels Zangaigne passe de l'une à l'autre rive! Creusez et élargissez le lit du fleuve, de façon que Gaulois et Teutons ne puissent plus ni se parler, ni se voir! Pourvu que je sois chez moi, pourvu que j'y vive tranquillement et librement, cultivant à loisir la pensée, l'art et l'industrie, qu'ai-je besoin de Zangaigne? Qu'est-ce que je lui envie? Et qu'irais-je, je vous le demande, faire chez lui? »

Il termine, l'infortuné, en vous disant :

« Vous voyez bien, apôtres de la paix, que Zangaigne, jaloux de mes arts, jaloux de mon industrie, jaloux de tout, même de ma loyauté, même de ma candeur, et ne pouvant me supplanter, sans me tuer, a résolu, après m'avoir sucé le sang, de ne plus me laisser vivre. »

Telle est, en effet, pour Galuchet, la question pendante, la seule qui doive occuper ses amis, s'il en a.

Malgré l'arrêt de mort, que l'obstiné et haineux Zangaigne a porté cotre lui, et qu'il prétend exécuter avec la complicité et à la satisfaction de toute l'Europe, Galuchet peut-il se ranimer et vivre?

Ce qui suit est une consultation, formulée à son chevet, par un certain nombre de docteurs, parents ou amis.

C'est El-Rabi, le mythologue; c'est Quondam, l'historien; Lux, le philosophe; Talpa, le naturaliste; Pistis, le théologien; pour ne citer que les rôles principaux.

Vask fait les commissions; Moxa rédige les procès-verbaux; de plus, lorsque les docteurs ont fourni la science et la raison, ce même Moxa, en sa qualité de pharmacien, saupoudre le tout de sa moutarde et de son vinaigre.

Dix fois, vingt fois, cent fois, depuis la paix de Francfort, depuis l'armistice de Versailles, depuis Metz, depuis Sedan, depuis le commencement de l'invasion, Vask, qui veut fonder la fédération latine contre le pangermanisme, a mis la main sur ces archives, pour les livrer aux amis de la justice et de la vérité, s'il en reste quelque part. Mais autant le Gouvernement français était discret, autant les Prussiens, disait-on, se montraient chatouilleux et intraitables. C'est pourquoi, nos savants, circonspects et prudents comme de vrais savants, ont obstinément obligé Vask de différer et d'attendre. Mais, aujourd'hui que les Prussiens, gorgés de gloire et d'argent, ne sont plus occupés que de rire, quoique Bismarck grogne toujours, ou fasse semblant de grogner, Vask soutient que Galuchet peut sans péril risquer un coup de langue.

De son côté, Moxa est las de faire et de refaire des résumés, toujours déchirés, toujours recommencés, ne servant à rien. A bout de patience, ils ont donc, tous deux, d'un commun accord, saisi, dans le tas, cette poignée de fables et d'histoires, de vérités et de paradoxes, de prophéties et de moralités, de fureurs grotesques et de lamentables ironies ; et ils publient le tout, non pour Galuchet, à qui tout conseil est inutile, et qui d'ailleurs ne lit plus rien, mais pour l'Europe, qu'il est toujours flatteur d'égayer, sinon d'instruire : l'Europe, si elle y daigne prêter l'oreille, pourra inscrire le tout, pour ce qu'il vaut, au bilan de ses risques et de ses destins.

Typ. et Lith. Cayer & Cie, rue Saint-Ferréol, 57.